AF338836

SOUVENIRS

DE LA VIE INTIME

DE

MONSEIGNEUR JAQUEMET

DURANT SES DERNIÈRES ANNÉES ET SA MALADIE

NANTES

IMPRIMERIE VINCENT FOREST ET ÉMILE GRIMAUD

PLACE DU COMMERCE, 4

1870

SOUVENIRS

DE LA

VIE INTIME DE MONSEIGNEUR JAQUEMET

NANTES, IMPRIMERIE VINCENT FOREST ET ÉMILE GRIMAUD, PLACE DU COMMERCE, 4.

SOUVENIRS

DE LA VIE INTIME

DE

MONSEIGNEUR JAQUEMET

DURANT SES DERNIÈRES ANNÉES ET SA MALADIE

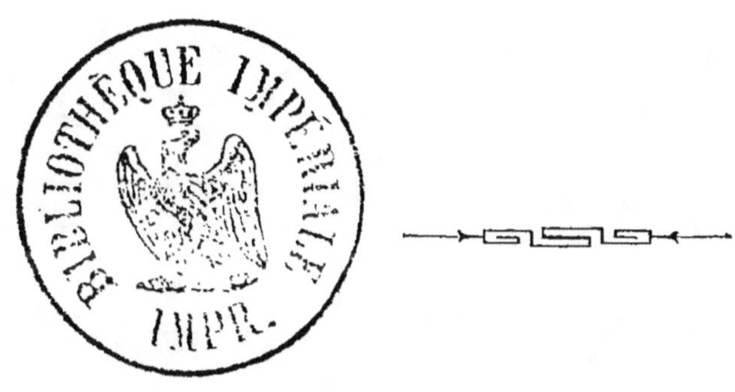

NANTES

IMPRIMERIE VINCENT FOREST ET ÉMILE GRIMAUD

PLACE DU COMMERCE, 4

—

1870

SOUVENIRS

DE LA

VIE INTIME DE MGR JAQUEMET

DURANT SES DERNIÈRES ANNÉES ET SA MALADIE

———►-✶-◄———

Pendant la maladie de Monseigneur et depuis que Dieu l'a rappelé à lui, je me suis souvenu plus d'une fois des belles paroles qu'on lit dans le *Cérémonial des Évêques* : « *Curet Episcopus, ut quanto magis dignitate cœteris prœest, eo majori studio ultimum hujus vitæ actum, quo solo coronari electi solent, cum laude perficiat.* Plus l'Évêque l'emporte en dignité sur les autres fidèles, plus il doit apporter de soin à bien accomplir le dernier acte de cette vie, qui seul assure la couronne aux élus. » Dieu a, ce me semble, accordé à notre Évêque cette grâce que l'Eglise souhaite à ses premiers Pasteurs, la grâce d'une sainte mort.

ll ne faut pas en être surpris. Au milieu des occupations incessantes auxquelles le portaient son activité naturelle, et le zèle de sa charge pastorale, il pensait souvent à ce dernier terme vers lequel se hâtent toutes nos existences. Je me rappelle qu'il y a déjà longtemps, voyant les dix ou douze premières années de son ministère épiscopal écoulées, il nous disait quelquefois : « J'ai atteint la moyenne de la vie d'un Évêque ; il est temps de songer à ce que je dois faire pour bien remplir la fin de mon épiscopat. » Dieu a exaucé ses désirs. En lui envoyant une longue maladie, il lui a ménagé, non pas un temps de repos, mais un loisir laborieux, durant lequel, vivant plus séparé des relations extérieures, il a pu se recueillir, repasser toutes les œuvres qu'il avait entreprises, y mettre la dernière main et laisser toutes choses admirablement ordonnées. Je n'exagère point en disant qu'il y a eu un immense travail accompli au milieu des souffrances quotidiennes par notre vénérable Évêque.

La maladie ne l'empêcha pas de remplir tous les grands devoirs que les circonstances demandèrent. C'est à cette période de sa vie que se rattachent deux des plus éclatantes manifestations de la foi catholique dans le diocèse de Nantes : l'hommage solennel rendu à la mémoire du général de La Moricière, et les fêtes, vraiment nationales pour la Bretagne, de la béatification de Françoise d'Amboise.

C'est aussi durant cette même période qu'il a, si l'on peut ainsi parler, couronné tous ses travaux pour l'éducation dans le diocèse, en construisant le nouveau pensionnat de Saint-Stanislas, malgré des épreuves douloureuses qui auraient découragé une âme moins droite et moins ferme que la sienne. Mais quand Monseigneur avait reconnu la volonté de Dieu, son courage, comme celui de tous les saints Évêques, était inébranlable.

Nous avons souvent remarqué avec une grande édification sa constante égalité d'âme pendant les six ou sept années de sa maladie. Quiconque l'avait vu, au début de son épiscopat, dans les visites pastorales, dans les réunions de charité, dans les relations multiples dont se compose la vie d'un Évêque, comprenait que l'inaction extérieure prolongée était pour lui une privation renouvelée à chaque instant de toutes les jouissances les plus pures de la vie, celles du cœur qui se prodigue et qui sent les consolations que Dieu lui donne de répandre autour de lui. Ce sacrifice quotidien, notre vénérable Évêque l'a accompli sans murmure et avec une entière soumission à la volonté divine. Aussi Dieu s'est plu à rendre ses souffrances fécondes pour le diocèse.

A la fin du mois de mai 1863, Monseigneur vint, à son retour du Midi, se fixer définitivement dans sa campagne de Talence. Sa santé désormais trop mauvaise ne lui permettait plus d'habiter l'Évêché. Un cahier de notes écrit de sa main nous fait connaître sa profonde piété et sa constante fidélité aux exercices de la vie sacerdotale. Nous y retrouvons inscrites chaque année les réflexions de sa retraite annuelle; presque chaque mois, quelques paroles de souvenir de sa retraite mensuelle. Les dernières qu'il a écrites portent la date d'octobre 1869. On s'aperçoit en les lisant que sa main déjà affaiblie ne traçait plus qu'avec peine ces dernières lignes.

« Je fais le chemin de la Croix chaque jour de
» cette retraite, mais brièvement, écrivait-il en
» 1865. J'en ai goûté les fruits. Mais l'amour
» prodigieux de Notre-Seigneur et de ses Saints
» pour les souffrances est encore pour moi un
» mystère caché. Je demande fréquemment à
» Notre-Seigneur de lever les sceaux de ce livre
» sacré. *Da quod jubes et jube quod vis.* Faites-
» moi comprendre, aidez ma volonté, et je vous
» suivrai. »

Il ajoutait : « Paix et conformité à la volonté
» de Dieu, quelle que soit la durée et l'étendue

» de mes souffrances. Adhérer avec amour et
» en esprit d'expiation pour mes péchés et ceux
» de mon peuple à la justice de Dieu qui s'exerce
» sur moi... *Doleo et amo* : expiation et amour. »

« Voici ma petite retraite finie, lisons-nous
» ailleurs, je vais continuer à marcher, en por-
» tant ma croix, à côté de Notre-Seigneur Jé-
» sus. »

Une de ses retraites du mois nous offre cette
pensée touchante : « Dans les cérémonies de la
» consécration épiscopale, j'ai répondu à beau-
» coup de questions : *volo*. Maintenant, à la fin
» de mon épiscopat, Notre-Seigneur m'envoie la
» privation, la souffrance, et il me demande :
» Veux-tu, après avoir agi, souffrir avec moi pour
» ton salut et ton peuple, et l'expiation de tes
» péchés? Je dois répéter sans cesse : *volo*, sans
» me laisser arrêter par ce long temps qui s'écoule
» dans l'inaction et les souffrances. Oh! oui, Jé-
» sus, encore, *volo, volo.* »

Au mois d'octobre 1866, il écrivait en com-
mençant sa retraite annuelle : « Puissé-je me
» rendre propres les paroles de saint François
» de Sales, qui vont si bien à mon état d'épreu-
» ves et d'infirmités : *Depuis quelque temps, les*
» *peines que j'éprouve me font goûter une*
» *paix incomparable. Elles me présagent l'u-*
» *nion prochaine et stable de mon âme avec*

» *Dieu. C'est véritablement toute l'ambition et*
» *tout le désir de mon cœur !* »

On se tromperait si on croyait que ce bon Pasteur n'était occupé que des pensées de sa sanctification personnelle. Cette même retraite de 1866 montre que les souffrances ne ralentissaient en rien sa sollicitude pour le salut des âmes qui lui étaient confiées. Il note avec soin les points qui lui paraissent les plus importants, les plus actuels, pour le bien de ses diocésains. Nous transcrivons ces belles paroles :

« Un des grands devoirs d'un Evêque, c'est
» de régler, conformément à la foi, ses rapports
» avec le Saint-Siége. Les relations avec Rome
» deviennent dans ces jours, pour notre Eglise
» de France, plus fréquentes et plus étendues
» qu'autrefois. Un Evêque français doit s'appli-
» quer à diriger ces relations par la science
» des saints et par le souvenir de leurs exem-
» ples. Saint Charles me semble avoir posé une
» bonne règle, quand il disait équivalemment :
« Tenons, dans les affaires ecclésiastiques, les
» décisions du Saint-Siége *comme les meilleures,*
» et croyons que le Saint-Esprit préside d'une
» manière particulière aux décisions qui y sont
» rendues. »

Lorsque la maladie eut privé Monseigneur de la consolation de célébrer la sainte Messe, si ce

n'est à de rares intervalles, il écrivait un jour,
dans une retraite du mois : « J'ai eu la consola-
» tion d'offrir trois fois la sainte Messe. Faire
» violence au Ciel dans la prière, pour obtenir
» souvent cette faveur. » Quand il n'eut plus la
force de célébrer lui-même, il se dédommageait,
autant qu'il était en lui, de cette privation, en
entendant tous les jours la sainte Messe et en y
faisant la sainte Communion.

Sa retraite de 1867, dans laquelle il a consi-
gné les vives inquiétudes que lui causaient les
attaques dont le Souverain Pontife était alors
l'objet à Rome même, se termine par cette
prière :

« Que Dieu me garde, me soutienne, m'ins-
» pire à chaque instant ce qui est le plus utile
» pour le bien de mon âme et la sanctification
» de mon diocèse ! Qu'il daigne m'accoutumer à
» la pensée de la mort, et me tenir toujours
» prêt; en attendant, qu'il me fasse profiter de
» mes souffrances, des privations et des humi-
» liations qui les accompagnent ! J'invoque plus
» que jamais Marie, saint Joseph, les saints
» apôtres, mes anges protecteurs, les saints
» nantais, mes saints les plus aimés. »

On rencontre quelquefois des paroles qui, dans
leur brièveté, révèlent l'âme de notre vénérable Evêque. En juillet 1868, nous lisons ces

deux mots : « Travailler énergiquement pour
» mon diocèse, vivre de la vie du purgatoire,
» du ciel. »

Sa retraite annuelle de 1868 finit le jour de
la Toussaint : « Le but, la fin de ma retraite,
» écrivait-il, a été une *adhésion* plus constante
» à la souffrance et une *paisible préparation* à
» la mort. Je l'ai faite au milieu d'une aug-
» mentation dans l'état de maladie. Dieu soit
» béni! » Il termine par ces mots : « En somme,
» je me suis rattaché constamment au but final
» de ma retraite, et j'ai repris ma petite vie de
» travail et de souffrances. »

Dans ces paroles si simples, ne reconnaît-on
pas le serviteur de l'Evangile que son maître
trouvera veillant? l'Evêque, comme l'explique
saint Hilaire, qui est par excellence le fidèle et
prudent serviteur établi de Dieu pour gouver-
ner sa famille?

Durant l'année 1869, nous rencontrons encore
quelques notes brèves, qui indiquent de plus en
plus le mouvement d'une âme qui s'en va vers
Dieu :

« Consolation solide, joie solide en Dieu
» seul. »

« Je voudrais comprendre le mystère de la
» Croix. »

« Plus souffrant, je m'offre à la sainte Trinité
» par Jésus, à Jésus par Marie. »

« Pendant les jours qui vont suivre, et qui
» sont consacrés au Saint-Sacrement et au divin
» Cœur de Jésus, mon oraison sera : *Credo,*
» *spero, amo, doleo.* (Je crois, j'espère, j'aime,
» je souffre). »

« Continuer à invoquer saint Joseph, dont je
» sens le secours. »

« J'adhère à la douleur et à l'humiliation. *Ita,*
» *Pater !* »

C'est dans cette union à Notre-Seigneur par la
souffrance, que s'écoulèrent les derniers mois
que notre vénérable Evêque devait passer sur la
terre. A la fin de septembre, il y eut une aggra-
vation marquée dans sa maladie. Monseigneur
comprit que le moment approchait où il allait
quitter ce monde. L'un de nous passa une ou
deux semaines avec lui à la campagne. Pendant
plusieurs jours, il l'appela près de lui pour se
faire lire les exercices de la préparation à la
mort. Fidèle à remplir son devoir d'Evêque, il
continuait en même temps à diriger l'administration du diocèse, dans la mesure de ses forces,
qui diminuaient graduellement.

Il ne marchait plus qu'avec peine, mais il faisait effort pour aller prier devant le Très-Saint
Sacrement dans son oratoire. Lorsque, dans les

derniers jours, cette station à la chapelle ne lui fut plus possible, il faisait quelquefois ouvrir la porte du salon et se tournait vers l'oratoire, témoignant ainsi à Notre-Seigneur le désir qu'il avait de le visiter et de jouir de sa divine présence.

Je n'oublierai jamais les circonstances qui ont accompagné pour notre Evêque l'administration des derniers Sacrements. Depuis longtemps déjà il s'y préparait; il avait même voulu que l'on conservât à la campagne l'huile des infirmes, pour n'être pas privé du Sacrement de l'Extrême-Onction, dans le cas où une crise subite se fût manifestée. Néanmoins, dans les longues maladies de poitrine, où la vie s'épuise lentement, où le jour qui suit ne diffère guère du jour qui précède, il est bien difficile au malade lui-même d'apprécier quand le moment est venu de recevoir les Sacrements. Il comptait pour l'avertir sur notre affection filiale.

Rien ne pressait encore, mais la fête de la Présentation de la très-sainte Vierge était arrivée. C'était le vingt-unième anniversaire de sa nomination au siége épiscopal de Nantes. Nous lui demandâmes s'il n'aimerait pas à célébrer cette fête en remplissant les grands actes de la vie chrétienne qui doivent sanctifier la fin de notre pèlerinage. Je ne saurais me rappeler

sans attendrissement la tranquillité d'âme avec
laquelle il accueillit cette proposition, et disposa
tout pour que la cérémonie pût avoir lieu le lendemain. Il passa la soirée à se préparer pieusement à la réception du saint Viatique et de
l'Extrême-Onction. Il voulut relire avec foi les
belles prières dont l'Eglise se sert dans l'administration de ces Sacrements. La nuit fut calme,
plus calme qu'elle ne l'était depuis longtemps.
Et pourtant Dieu permettait que notre vénérable
Evêque goutât ces amertumes de la mort, que le
Sauveur lui-même a sanctifiées en les éprouvant
au Jardin des Oliviers et sur la Croix. Mais sa
soumission à la volonté de Dieu demeurait inébranlable, et il pouvait dire avec le prophète :
Mon amertume même est dans la paix.

Le dimanche 21, le Chapitre et le Clergé de la
Cathédrale étaient réunis, à huit heures, à la
maison de Talence avec MM. les Curés de la
ville. L'administration des Sacrements à un
Evêque se fait avec les cérémonies ordinaires
marquées au Rituel romain. Il y a seulement
ceci de particulier qu'avant de recevoir la
sainte Eucharistie, le Pontife mourant renou-
velle sa profession de foi. C'est un moment vraiment solennel : l'Evêque, entouré de ses prêtres,
en présence du divin Maître à qui il va bientôt
rendre compte de son ministère, atteste une

dernière fois la croyance qu'il avait reçu mission de prêcher. Monseigneur avait la voix trop épuisée pour qu'il pût réciter lui-même la formule de la profession de foi. Un de ses grands vicaires la lut en son nom, et il ajouta : « *Coram sanctissimo Domini nostri Jesu Christi corpore hìc realiter præsente, profiteor catholicam fidem ex formulâ quæ pro me lecta est, meque in eâ velle vivere et mori.* En présence du très-saint Corps de Notre-Seigneur Jésus-Christ, ici réellement présent, je professe la foi catholique selon la formule qui a été lue pour moi, et j'atteste que je veux y vivre et mourir. »

Quand nous nous approchâmes pour lui présenter la Croix à baiser, après lui avoir donné le saint Viatique et avant de commencer la cérémonie de l'Extrême-Onction, il nous dit, en nous chargeant de répéter ses paroles à l'assistance, « que » depuis sa consécration épiscopale, son existence entière avait eté donnée à son troupeau » et qu'il offrait en ce moment sa vie à Dieu » pour le salut des âmes qui lui étaient confiées. »

Nous étions tous bien émus : nos larmes coulaient; les saintes cérémonies de l'Extrême-Onction s'accomplirent. Nous demandâmes à Monseigneur qu'il nous permît de renouveler encore une fois entre ses mains nos promesses cléricales. C'est un pieux usage de nos séminaires dans la fête de la Présentation de la sainte Vierge. L'Évêque va s'asseoir sur le marchepied de l'autel ; les prêtres et les clercs viennent s'agenouiller devant lui ; ils redisent les paroles qu'ils prononcèrent en recevant la tonsure : « *Dominus pars hœreditatis meœ et calicis mei : tu es qui restitues hœreditatem meam mihi ;* Le Seigneur est la part de mon héritage et de mon calice : c'est vous, ô mon Dieu, qui me rendrez mon héritage dans le ciel. Cette cérémonie réveille toujours dans nos âmes les plus chers souvenirs de notre jeunesse sacerdotale, lorsque, répondant à l'appel du Sauveur, nous renoncions avec joie aux espérances du siècle pour le suivre. Mais combien elle était plus touchante, accomplie près du lit de souffrances de notre Évêque mourant ! Nous vînmes donc l'un après l'autre renouveler nos saintes promesses, et notre Évêque donna à chacun de nous uue bénédiction particulière. Quand il reconnut le Supérieur du Grand-Séminaire, il le retint quelques instants près de lui et lui parla des Séminaristes, objet constant de sa paternelle sollicitude. Il eut aussi quelques paroles spéciales pour le Supérieur des Missionnaires diocésains.

Monseigneur partagea le reste de cette sainte

journée entre la prière et les derniers soins à donner à quelques affaires. Il s'était levé comme de coutume, il voulut réunir encore autour de lui les prêtres qui formaient la famille épiscopale et le médecin qui le soignait avec un dévouement tout filial depuis bien des années. En le voyant calme et souriant, il nous semblait que déjà il commençait à vivre d'une vie meilleure que celle de la terre. D'ordinaire, il nous bénissait tous ensemble, au moment où nous nous séparions de lui ; ce jour-là, il eut pour chacun une bénédiction plus affectueuse et donnée séparément.

Le lendemain, Monseigneur voulut commencer à faire les œuvres prescrites pour gagner le jubilé accordé par le Souverain Pontife. Il les termina le 27 novembre, jour consacré à saint Hermeland, l'un des saints du diocèse. On se souvient combien il avait travaillé, pendant son épiscopat, à les faire connaître et honorer. Ce même jour, se sentant plus fatigué, il demanda au Souverain Pontife la bénédiction apostolique . « L'Évêque de Nantes,
» écrivait-il par une dépêche télégraphique,
» l'Évêque de Nantes, avant de mourir, de
» mande humblement au Saint-Père la bénédic
» tion apostolique, et dépose entre ses mains
» une dernière profession de foi catholique,

» d'amour filial et d'entière obéissance. »
Le télégraphe apportait, le lendemain, cette
réponse envoyée par Son Éminence le cardinal
Antonelli : « *Santo Padre accorda implorata*
» *benedizione a Monsignor vescovo di Nantes*
» *e prega per la di lui salute.* Le Saint-Père
accorde à Monseigneur l'Évêque de Nantes la
bénédiction demandée et prie pour sa conser-
vation. »

Les souffrances du vénérable malade aug-
mentaient chaque jour. Il se faisait lire le
Traité de Rodriguez : *De la Conformité à la*
volonté de Dieu. On put continuer cette lec-
ture jusqu'au chapitre intitulé : *De la confor-*
mité que nous devons avoir à la volonté de
Dieu aussi bien pour la mort que pour la vie,
et on commença le chapitre suivant : *De quel-*
ques raisons pour lesquelles nous pouvons légi-
timement et saintement désirer la mort. Ce
dernier chapitre ne devait pas être achevé.

Monseigneur aimait encore chaque jour à se
faire lire une visite au Saint-Sacrement et à
la sainte Vierge dans le livre si connu de
saint Alphonse de Liguori. Il cherchait par
là à se dédommager de ce qu'il ne pouvait
plus aller adorer Notre-Seigneur dans son oratoire. Chaque jour aussi il récitait le chapelet.

Pendant les neuf jours qui précédèrent la fête

de l'Immaculée-Conception, nous fîmes avec lui une neuvaine. Il prenait quelques gouttes de l'eau miraculeuse de la grotte de Notre-Dame de Lourdes; nous récitions l'*Ave Maria* avec l'invocation : *ô Marie conçue sans péché, priez pour nous qui avons recours à vous;* la prière à la Bienheureuse Françoise d'Amboise, et nous terminions par *la parole d'or* de cette sainte : *Faites sur toutes choses que Dieu soit le mieux aimé.*

Durant cette neuvaine, le 3 décembre, premier vendredi du mois, jour plus spécialement consacré au Sacré Cœur de Jésus, il demanda qu'on lui fît l'application de l'indulgence plénière à l'article de la mort. Nous lui rappelâmes que la condition principale pour gagner cette indulgence, c'était l'acceptation de la souffrance et de la mort avec un entier abandon à la sainte volonté de Dieu. Ce fut alors qu'il nous dit ces paroles qui nous émurent jusqu'aux larmes: « Je meurs pour l'Église, pour le Pape, pour » le Concile, pour mon diocèse, pour le salut » des âmes. » Il se souvint pieusement aussi de sa famille pour laquelle il conservait une tendre affection. Nous lui demandâmes de nous pardonner les manquements que nous aurions pu commettre à son égard. Il nous répondit avec humilité : « C'est moi qui vou-

» drais demander pardon aux prêtres qui m'en-
» tourent et à tous mes prêtres, des peines que
» j'ai pu leur causer. »

Les six ou sept derniers jours ne furent
qu'une agonie presque sans trève. La patience
du vénérable malade ne se démentit pas. « O
» Dieu, je souffre, ô Jésus, demeurez avec
» moi, » répétait-il souvent. Et quelquefois,
surtout dans les longues nuits sans sommeil :
« Récitez-moi les bonnes prières, disait-il. »
Nous lui récitions les actes de foi, d'espérance,
de charité, le *Pater,* l'*Ave,* le *Credo,* ces
prières habituelles de la vie chrétienne, si
pleines de consolation pour les âmes qui vi-
vent de la foi.

Dieu lui accordait chaque jour quelques mo-
ments de calme et de repos pour entendre la sainte
Messe et communier. Il se plaignait parfois
de ne pouvoir assez penser à Notre-Seigneur
dans la sainte communion. « Quelle pensée
» pourrais-je avoir pour la sainte Eucharistie? »
nous disait-il un jour que nous entrions dans sa
chambre, trois quarts d'heure après la sainte
Messe. Nous ne pûmes que lui répondre par ces
paroles de l'Imitation : « *Teneas te apud Jesum
vivens et moriens.* Tenez-vous près de Jésus à
la vie et à la mort. »

Dans ces derniers jours il dit à l'un de nous :

« Parlez-moi du Séminaire. » Il nomma les prêtres vénérés qui ont dirigé notre jeunesse cléricale. « Ce sont des souvenirs dont il faut » s'entourer pour mourir, » ajouta-t-il.

Il voulut aussi qu'on lui apportât le crucifix de Mlle Marie de Tilly, qu'il avait revêtue de l'habit du Carmel sur son lit de mort et dont il a conservé la mémoire précieuse devant Dieu dans un opuscule tout rempli des impressions de la plus suave et de la plus héroïque piété.

Nous avions le pressentiment que Dieu l'appellerait à lui dans la fête de l'Immaculée-Conception. Ce jour-là, après une longue nuit de souffrances, il eut encore le bonheur d'entendre la sainte Messe et de communier.

La journée fut pleine d'angoisses ; Dieu achevait de purifier son âme. Le soir, à genoux près de son lit, nous récitâmes les prières de la neuvaine : *O Marie conçue sans péché, priez pour nous qui avons recours à vous.* Ce fut une dernière louange qu'il adressa à la Mère de Dieu avant de quitter la terre. *Faites sur toutes choses que Dieu soit le mieux aimé ;* la parole de la bienheureuse Françoise fut notre adieu au Père vénéré qui allait se séparer de nous.

Quelques heures d'un sommeil plus calme que de coutume suivirent sa prière. Il eut encore un souvenir du Concile que son amour pour l'Eglise lui rappelait souvent. Une crise de peu de durée commença pendant laquelle il reçut une dernière absolution. Nous avions déjà récité les prières des agonisants durant l'une des crises des jours précédents. Nous les commençâmes de nouveau, et, presque aussitôt, il rendit son âme à Dieu, à une heure un quart du matin, le neuf décembre 1869. Ses traits étaient calmes et sereins : *obdormienti similior quam morienti*. Il sembla que ce fût un sommeil plutôt que la mort, comme s'exprime la légende de saint Hermeland.

Dieu a voulu que le dernier jour passé en ce monde par Monseigneur fût le jour de l'Immaculée-Conception et celui de l'ouverture du Concile général pour lequel il avait offert sa vie. La bienheureuse Vierge Marie a environné de sa protection maternelle les derniers instants d'un épiscopat commencé sous ses auspices. Notre vénérable Évêque avait accompli sa devise : *Bonus pastor animam suam dat pro ovibus suis.* Le bon pasteur donne sa vie pour ses brebis.

Nantes, Imp. Vincent Forest et Emile Grimaud.